VEGANE

CAKE-POPS

Yvonne Hölzl-Singh

NEUN
ZEHN

Einleitung

Schokolade

Dekor

Feste feiern

Schnelle Cake-Pops

Fancy-Pops – Cake-Pops neu interpretiert

Quick & Easy

Anhang

Vorwort

Liebe Leser,

nie hätte ich zu träumen gewagt, dass ich zwei Jahre nach meinem spontanen, zweiwöchigen „Milchfrei-Selbstest" mein erstes selbst geschriebenes Buch in Händen halten würde. Ich bin voller Freude und Dankbarkeit!

Da ich, bereits seit ich ein kleines Mädchen war, gerne und viel backe, wollte ich darauf natürlich auch nach meiner Ernährungsumstellung nicht verzichten. Ich habe viele Rezepte ausprobiert, ein paar waren gut, aber ein großer Teil war leider ganz und gar nicht nach meinem Geschmack. Aus diesem Grund habe ich dann begonnen, mich selbst kreativ zu betätigen und alte Rezepte zu „veganisieren" oder neue Rezepte zu kreieren und siehe da, plötzlich schmeckten meine Kuchen wieder. In diesem Buch habe ich versucht, großteils natürliche und vollwertige Zutaten zu verwenden und dabei den Geschmack nicht außer Acht zu lassen. So kombiniere ich meist Dinkelvollmehl mit Weizenmehl und verwende gerne Rohrohrzucker statt weißem Zucker.

Nachdem ich seit gut zehn Jahren hobbymäßig Motivtorten mache und beruflich Tortenfiguren als Deko fertige, zählt Dekorieren zu meinen liebsten Fertigkeiten. Backen ist eine Tätigkeit die ich gerne mache, aber richtig spannend wird es erst beim Dekorieren, oder? Und das Schöne ist: Man purzelt von einer Idee zur anderen! Problemlos hätte ich auch ein dickes Buch mit all meinen Cake-Pop-Ideen füllen können. Die Rezepte und Dekos in diesem Buch können übrigens auch größtenteils frei kombiniert werden. So kann man sich einfach die Geschmacksrichtung nach Belieben passend zur Wunschdeko aussuchen. Und wenn es mal schnell gehen muss, kann man sich aus den Teigen für die Krümel-Massen ganz einfach schnelle Muffins oder einen leckeren Kuchen backen.

Im Web findet Ihr mich und meine Rezepte auf meinem Foodblog www.freudeamkochen.at. Ich versuche seit meiner Umstellung zur veganen Ernährung mit Geschmack und Kreativität zu überzeugen und zu zeigen, wie bunt und vielseitig die Möglichkeiten der veganen Küche doch sind und dass viel mehr Lebensmittel hinzu- als wegkommen wenn man sich vegan ernährt. Es wird in Zukunft sicher auch das eine oder andere Cakepop-Rezept am Blog zu finden sein.

Viel Freude beim kreativ Sein
Eure Yvonne

Utensilien/Werkzeug

Ob man eine Cake-Pop-Zange benötigt oder nicht, da gehen die Meinungen auseinander. Selbstverständlich kann man die Kugeln von Hand rollen, regelmäßiger werden sie aber mit einer Zange, die auch das Portionieren von immer gleich großen Cake-Pops erleichtert. Daher ist es meiner Meinung nach schon ab dem ersten Cake-Pop hilfreich eine Zange zu besitzen. Es gibt nur wenige Teige bei denen das Rollen der Kuchenbällchen mit den Händen einfacher ist. Die Zangen kosten nicht viel und es geht schneller, einfacher und die Cake-Pops werden auch gleichmäßiger.

Zusätzlich zu der Cake-Pop-Zange gibt es für Krümelteig-Massen auch Cake-Pop-Molds in allen nur erdenklichen Formen: Blümchen oder Herzen für den Valentinstag, Eier oder Küken für Ostern, Sterne und Tannenbäume für Weihnachten und vieles mehr.

Für gebackene Cake-Pops gibt es einerseits Backformen in allen nur erdenklichen Formen, in denen die Kuchen dann im Backofen gebacken werden. Oder aber man besorgt sich einen Cake-Pop-Maker, einen Automaten, welcher die Cake-Pops bäckt. Der Automat hat den Vorteil, das man ihn meist nicht einölen muss, da er beschichtet ist und das die Kuchenkugeln in nur wenigen Minuten mit nur kurzer Aufwärmzeit des Automaten gebacken sind.

Außerdem benötigt man eine Möglichkeit, um die Kuchen nach dem Glasieren trocknen zu lassen. Dazu eignet sich am besten ein Styroporblock oder eine Blumensteckmasse, aber auch gekaufte Cake-Pop-Ständer können verwendet werden. Den Styroporblock kann man mit Alufolie oder Geschenkpapier überziehen und an den gewünschten Stellen Löcher vorbohren. Dabei ist darauf zu achten das die Löcher nicht zu nahe beieinander sind, damit die Cake-Pops beim Trocknen nicht aneinander kleben.

Nach dem Formen der Kugeln ist es von Vorteil, eine Cake-Pop-Backform zur Verfügung zu haben, um die Cake-Pops hineinzulegen, da sie leicht Dellen bekommen, wenn man sie nur auf einen Teller legt.

Schokoladenüberzug

100 g Kuvertüre oder Blockschokolade
5–10 g Kokosöl

Optional:
Schokoladenfarbe (fettlösliche Lebensmittelfarbe)
Ätherisches Öl, in Bioqualität

1. Die Kuvertüre oder Blockschokolade hacken, damit sie anschließend schneller und gleichmäßiger schmilzt. Verwendet man Schokolade-Buttons fällt dieser Schritt weg.

2. Ein Wasserbad vorbereiten, in dem man die Hälfte bis zwei Drittel der gehackten Schokolade unter ständigem Rühren schmilzt. Das Wasser im Wasserbad sollte dabei aber nicht kochen.

3. Anschließend den Topf vom Wasserbad nehmen, die restliche Schokolade in mehreren kleineren Portionen zusammen mit dem Kokosöl und optional 1 Tropfen ätherisches Öl zum Aromatisieren der Schokolade unterrühren. Wenn man weiße Schokolade verwendet hat und diese färben möchte, ist jetzt auch der richtige Zeitpunkt die Schokoladenfarbe einzurühren. Die Menge der benötigten Schokoladenfarbe hängt von der gewünschten Farbhöhe und von der verwendeten Farbe ab. Man dosiert am besten in mehreren Portionen in Messerspitzen-Mengen, bis die gewünschte Farbe erreicht ist.

4. Die geschmolzene Schokolade in eine kleine schmale Schale füllen und die vorbereiteten Cake-Pops nacheinander überziehen.

5. Dazu nimmt man vorsichtig einen vorbereiteten Cake-Pop am Stick taucht die halbe Kugel schräg in die Schokolade und dreht den Cake-Pop einmal in der Schokolade, um ihn anschließend wieder aus der Schokolade zu ziehen.

6. Zum Abtropfen der Schokolade gibt es drei verschiedene Varianten, bei der jeder seine eigene Lieblingsmethode finden muss.
Variante 1 und meine Lieblingsvariante: Man hält den Cakepop am Stick mit der linken Hand über das Schokolade-Schälchen und klopft mit der rechten Hand auf den seitlichen Handrücken der linken Hand. Je nach Konsistenz der Schokolade dreht man dabei den Cake-Pop oder hält ihn nur fest.
Variante 2: Statt auf den eigenen Handrücken zu klopfen klopft man mit den Fingern der rechten Hand vorsichtig auf den Cake-Pop-Stick.

Hortensien

50 g vegane Blütenpaste, weiß (alternativ kann man auch veganen Rollfondant verwenden unter den man CMC* knetet)
Pastenfarbe für Lebensmittel in der Wunschfarbe für die Blüten
Pastenfarbe für Lebensmittel, gelb oder hellgrün
Lebensmittelkleber (Rezept siehe Seite 16)

Werkzeug:
Hortensien-Ausstecher, 2,3 cm
Hortensien-Veiner
Rolling Pin – Kleiner Ausrollstab für Fondant
Rolling-Board – Modellier-Brett
Noppenschaumstoff oder viele kleine Schälchen zum trocknen der Blüten

Ergibt 30 Hortensien

1. 45 g Blütenpaste oder Rollfondant mit der Pastenfarbe in der gewünschten Farbe verkneten. Um keine bunten Hände zu bekommen, sollte man am besten lebensmittelechte Einmalhandschuhe verwenden. Wenn die Masse durch die Beimengung der Farbe zu feucht wird, einfach etwas Puderzucker unterkneten.

2. Die Blütenpaste so dünn wie möglich ausrollen, mit dem Ausstecher die Blüten ausstechen, die Blüten in den Veiner legen und diesen zusammendrücken.

3. Die fertigen Blüten vorsichtig aus dem Veiner lösen und auf einen Noppenschaumstoff legen, sodass sie beim Trocknen die gewünschte Blütenform bekommen.

4. Die übrige Blütenpaste gelb färben, kleine Kügelchen formen, leicht flach drücken und mit etwas Lebensmittelkleber in die Mitte der Blüten kleben. Blüten trocknen lassen, wobei Blütenpaste relativ schnell trocknet. Der Fondant braucht etwas länger.

Tipp: Verwendet man Rollfondant, benötigt man für 250 g Rollfondant 1/4 Tl CMC. Das CMC knetet man unter den Rollfondant und lässt diesen anschließend 12–24 Stunden durchziehen.

* gibt`s im Motivtorten Spezialhandel oder im Internet

Gänseblümchen

30 g vegane Blütenpaste, weiß (alternativ kann man auch veganen Rollfondant verwenden, unter den man CMC* knetet)
Pastenfarbe für Lebensmittel, gelb
Puderzucker
Lebensmittelkleber (Rezept siehe Seite 16)

Werkzeug:
Gänseblümchen-Ausstecher mit Auswerfer, 2,7 cm
Mini-Veiner für den Blütenstempel
Rollingpin – Kleiner Ausrollstab für Fondant
Rollingboard – Modellierbrett
Flowerpad – Unterlage aus Schaumstoff
Ball-Tool mit einem Kugel-Durchmesser von ca 5 mm
Noppenschaumstoff oder viele kleine Schälchen zum trocknen der Blüten

Ergibt
15 Gänseblümchen

1. Eine kleine Menge Blütenpaste oder Rollfondant für den Blütenstempel mit der gelben Pastenfarbe verkneten. Um keine bunten Hände zu bekommen, sollte man am besten lebensmittelechte Einmalhandschuhe verwenden. Wenn die Masse durch die Beimengung der Farbe zu feucht wird, einfach etwas gesiebten Puderzucker unterkneten.

2. Die Blütenpaste so dünn wie möglich ausrollen, mit dem Ausstecher die Blüten ausstechen, dabei etwas mit dem Ausstecher am Untergrund ruckeln, um einen sauberen Schnitt zu bekommen. Die Blüte mit Hilfe des Auswerfers aus dem Ausstecher lösen.

3. Die fertigen Blüten auf das Flowerpad legen, und jedes Blütenblatt von außen nach innen vorsichtig mit dem Ball-Tool ausdünnen. Das erfordert etwas Übung um die richtige Druckstärke anzuwenden ohne die Blüte zu zerstören. Wem das zu aufwendig ist, kann diesen Schritt notfalls einsparen, da den Blüten durch den Auswerfer bereits eine Struktur eingeprägt wurden.

4. Die fertigen Gänseblümchen auf einen Noppenschaumstoff legen, sodass sie beim Trocknen die gewünschte Blütenform bekommen.

5. Den gelben Fondant in kleine Kügelchen formen und diese in den Blütenstempel-Veiner drücken, den Blütenstempel herauslösen und mit etwas Lebensmittelkleber ins Zentrum der Gänseblümchen kleben.

6. Die Blüten trocknen lassen, wobei Blütenpaste relativ schnell trocknet. Der Fondant braucht etwas länger.

7. Die Blüten in die noch feuchte Schokolade des gewünschten Cake-Pops drücken.

Tipp: Verwendet man Rollfondant, benötigt man für 250 g Rollfondant 1/4 Tl CMC. Das CMC knetet man unter den Rollfondant und lässt diesen anschließend 12–24 Stunden durchziehen.

*gibt`s im Motivtorten Spezialhandel oder im Internet

Waferpaper-Schmetterling & Blümchen

Waferpaper, weiß
Motiv-Stanzer in Schmetterlingsform (3 cm) oder 3 in 1 Hortensien (1 cm und 2,3 cm)
Pulverfarbe für Lebensmittel, gold bzw in Wunschfarbe
Isopropyl Alkohol (Rejuvenator Spirit)
Pinsel
Klarsichthüllen als Unterlage

1. Mit Hilfe des Motiv-Stanzers Schmetterlinge oder Blüten aus dem Wafer-Paper stanzen.

2. Die Pulverfarbe mit möglichst wenig Isopropyl Alkohol anrühren und vorsichtig mit einem Pinsel auf die Schmetterlinge auftragen. Der Isopropyl Alkohol hat den Vorteil, dass er sehr schnell verdampft, sodass das Waferpaper durch die Feuchtigkeit nicht zu stark verformt wird. Auf Grund dieser Eigenschaft muss man die Pulverfarbe während des Arbeitens zwischendurch immer wieder neu mit dem Alkohol anrühren. Wodka funktioniert notfalls auch, allerdings werden die Schmetterlinge damit sehr stark verformt.

3. Die Schmetterlinge zum Trocknen auf eine Klarsichthülle legen.

Tipp: Die kleinen Blümchen beim Matcha-Push-Pop (siehe Seite 62) sind aus Reispapier aus dem Asia-Laden gemacht. Die Blümchen werden dafür noch feiner und transparenter als aus Waferpaper, sind allerdings sehr brüchig. Schon in der Herstellungsphase brechen viele Blüten, dafür ist das Ergebnis noch blütenähnlicher. Reispapier eignet sich allerdings nur für sehr kleine Motive.

Cake-Pop-Sticks

aus Modelliermasse

Ofenhärtende Modelliermasse in Wunschfarbe
Metall Buchstaben- oder Zahlen-Ausstecher, 2,5 cm hoch
Glasplatte als Arbeitsunterlage
Plexiglas-Ausrollstab
Backofenfeste kleine Glasplatten oder Alufolie
Zahnstocher
kleine Blümchen-Ausstecher

1. Modelliermasse in der gewünschten Farbe weich kneten und ca. 5 mm dünn ausrollen. Die ausgerollte Modelliermasse sollte durchs Ausrollen auf der Unterlage kleben und nicht davon gelöst werden. Das erleichtert das Ausstechen der Formen.

2. Die gewünschten Buchstaben ausstechen, und den Ausstecher leicht schräg von oben nach unten von der Masse ziehen. Im Idealfall bleibt die ausgestochene Form mit dieser Technik an der Unterlage kleben, was einfacher ist, als wenn man die Formen aus den Ausstechern lösen muss.

3. Die Ränder der Buchstaben oder Zahlen vorsichtig glatt streichen, sollten diese unregelmäßig sein.

4. Je einen Zahnstocher von unten mittig ein kleines Stück in den jeweiligen Buchstaben stecken, und die Sticks auf kleine Glasplatten oder auf ein mit Alufolie belegtes Backblech legen und laut Packungsanweisung backen. Wer möchte, kann vorher noch kleine Kügelchen in einer anderen Farbe formen und diese auf die Buchstaben kleben, oder kleine Blümchen ausstechen und auf den Buchstaben anbringen. Die Modelliermasse hält aneinander durch leichtes Andrücken, man benötigt keinen Kleber, wie das bei Zuckermassen der Fall ist.

5. Vor dem Lösen der fertig gebackenen Buchstaben vom Untergrund die Sticks abkühlen lassen.

6. Zur Wiederverwendung einfach den Zahnstocher austauschen.

Inspirationen

Valentinstag	Be Mine, Love, XOXO oder kleine Herzchen
Muttertag	Danke, Thank you oder kleine Herzchen oder Blümchen
Ostern:	Frohe Ostern, Happy Easter oder kleine Häschen, Küken oder Karotten
Halloween	Süßes oder Saures, Boo, oder Kürbisse, kleine Geister, Katzen oder Spinnen
Weihnachten	X-Mas, Hohoho oder Sternchen, Engel, Schneekristalle oder Weihnachtsmänner
Silvester	Jahreszahl, New Year, Prosit oder Kleeblätter oder kleine Schweinchen
Geburtstag	Name des Geburtstagskindes oder die Initialen, Happy Birthday
Taufe & Baby-Shower	Name des Babys, Baby, Baby-Shower oder kleine Schühchen, Strampelanzüge oder Schnuller
Hochzeit	Just married, Mr & Mrs, Bride & Groom
Sonstiges	Eat me, Enjoy, Cake Pop oder die Geschmacksrichtung der Cake-Pops

Lebensmittelkleber

100 ml abgekochtes Wasser
1/2 Tl CMC Pulver (gibts im Motivtorten Spezialhandel oder im Internet)

1. Das Wasser mit dem CMC gut verrühren und etwas quellen lassen. Im Kühlschrank gelagert hält der Kleber ein halbes Jahr.

SWEETS

Kokos-Sprinkles

Kurkuma-Gelb	1/2 Tl Kurkuma, gemahlen mit 1 El Wasser verrührt
Karotten-Gelb	1-2 El frisch gepressten Karottensaft
Matcha-Grün	1/2 Tl Matcha mit 1 El Wasser verrührt
Weizengras-Grün	1/2 Tl Weizengraspulver mit 1 1/2 El Wasser verrührt
Granatapfel -Rosa	1 Tl Granatapfelsirup
Himbeer-Altrosa	1 Handvoll Himbeeren Himbeeren durch ein sehr feinmaschiges Sieb drücken und dabei das entstehende Himbeermus auffangen
Rote Beten-Rot	1 El Rote Bete-Saft
Violette Karotten -Lila	1-2 El Saft von der violetten Karotte
Blue Butterfly Tea-Hellblau	10 Blüten thailändischen Blue Butterfly Pea Tea* Blüten mit wenig kochendem Wasser bedecken, das Gefäß abdecken und möglichst lange ziehen lassen.
Blue Butterfly Tea mit Zitrone – Flieder	10 Blüten thailändischen Blue Butterfly Pea Tea 1/2–1 TL Zitronensaft Blüten mit wenig kochendem Wasser bedecken, das Gefäß abdecken und möglichst lange ziehen lassen. 1 El vom Butterfly Tee mit Zitronensaft mischen, bis der Tee eine purpurne Farbe annimmt.

30 g Kokosflocken, je Farbe

1. Die Kokosflocken in eine kleine Schüssel geben und sorgfältig mit der Flüssigkeit nach Wunsch verrühren.

2. 2-3 Std im Dörrgerät trocknen, zwischendurch mit den Fingern die Flocken ab und zu zerkrümeln. Wer kein Dörrgerät besitzt, kann die Kokosflocken auch im Backofen trocknen. Dazu den Backofen auf 50 °C heizen, die gefärbten Kokosflocken auf ein mit Backpapier ausgelegtes Backblech legen und 2-3 Std trocknen. Der Backofen muss dabei mit Hilfe eines eingeklemmten Kochlöffels aus Holz einen Spalt breit offen bleiben, damit die Feuchtigkeit entweichen kann

* Den Tee gibt es über Internet (oder direkt aus dem Thailand-Urlaub mitnehmen)

Himbeere
Granatapfel
Rote Bete
Violette Karotte
Weizengras
Blue Butterfly
Zitrone
Karotte
Matcha
Blue Butterfly
Pea Tea

Rosenblüten-Cake-Pops

Tonkabohne

Für den Teig:
150 ml Sojadrink
80 ml Maiskeimöl
1 El Apfelessig
75 g Weizenmehl
75 g Dinkelvollkornmehl
80 g Rohrohrzucker
2 1/2 Tl Backpulver
1/2 Tonkabohne
(ersatzweise 1/2 Tl Vanille, gemahlen)

Für die Krümelmasse:
40 g Aprikosenmarmelade
15 g Kokosöl

Für den Überzug
200 g Blockschokolade
10-20 g Kokosöl

17 Cake-Pop-Sticks oder 9 halbierte Papier-Strohhalme
17 kleine echte Röschen, ungespritzt
Cake-Pop-Zange

Ergibt 17 Cake-Pops

1. Backofen auf 180° C Ober-/Unterhitze vorheizen.

2. Sojadrink, Öl und Apfelessig in einer Schüssel mischen und Weizenmehl, Dinkelmehl, Rohrohrzucker, Backpulver und die gemahlene Tonkabohne darunter rühren.

3. Eine 20 cm Springform mit Öl ausstreichen, mit Mehl bestäuben, den Teig einfüllen und den Kuchen 30 Minuten backen. Den Kuchen abkühlen lassen.

4. Den Teig grob zerkrümeln, mit dem Universalzerkleinerer in regelmäßige Krümel mahlen, und mit der Aprikosenmarmelade und dem flüssigen Kokosöl gut durchkneten.

5. Den Teig mit der Cake-Pop-Zange zu 17 Cake-Pops verarbeiten. Diese in den Unterteil einer Cake-Pop-Backform legen und 15 Minuten in den Gefrierschrank stellen..

6. Eine kleine Menge der Schokolade vorab im Wasserbad schmelzen, die Sticks 1 cm tief in die Schokolade tauchen und vorsichtig mit einer Drehbewegung bis ungefähr zur Hälfte in die Cake-Pops stecken. Die Cake-Pops 10-15 Minuten im Gefrierschrank oder entsprechend länger im Kühlschrank kühlen.

7. Die restliche Schokolade mit der Küchenmaschine reiben und ca. zwei Drittel im Wasserbad schmelzen, wobei das Wasser nicht kochen sollte. Den Topf vom Wasserbad nehmen und die restliche Schokolade in mehreren kleinen Portionen einrühren. Zum Schluss das Kokosöl unterrühren, zuerst mit der kleineren Menge beginnen und diese je nach Bedarf erhöhen.

8. Die geschmolzene Kuvertüre in ein schmales Schälchen füllen, die Cake-Pops schräg in die Kuvertüre tauchen, einmal drehen sodass sie rundherum überzogen sind, heraus nehmen und den Überschuss abklopfen. Die Cake-Pops auf einen Teller stellen, den Stiel oder den Strohhalm noch so lange fixieren bis der Boden etwas angetrocknet ist, sodass der Cake-Pop gerade stehen bleibt. Die Rose in die noch feuchte Glasur drücken und kontrollieren, dass sie nicht verrutscht.

Tipp: Dieser Teig muss mit der Cake-Pop-Zange verarbeitet werden, mit den Händen klappt es nicht.

Schmetterling-Cake-Pops

Pfefferminze/Schoko

Halbe Menge der Muffins aus dem Rezept Hortensien-Cake-Pops auf Seite 24

60 g dunkle Kuvertüre (40%)
3 Tr Pfefferminzöl, Bio

140 g Blockschokolade
10-15 g Kokosöl

13 Cake-Pop-Sticks
13 Schmetterlinge (Anleitung siehe Seite 14)

Ergibt 13 Cake-Pops

1. Die Muffins grob zerkrümeln und im Universalzerkleinerer mahlen.

2. Die Kuvertüre schmelzen, zusammen mit dem Pfefferminzöl unter die Kuchenkrümel kneten und die Masse 15 Minuten in den Gefrierschrank stellen.

3. Mit Hilfe der Cake-Pop-Zange 13 Cake-Pops formen und diese im Unterteil einer Cake-Pop-Backform für 15 Minuten in den Gefrierschrank stellen.

4. Eine kleine Menge der Blockschokolade vorab im Wasserbad schmelzen, die Sticks 1 cm tief in die Schokolade tauchen und vorsichtig mit einer Drehbewegung bis ungefähr zur Hälfte in die Cake-Pops stecken. Die Cake-Pops 10-15 Minuten im Gefrierschrank oder entsprechend länger im Kühlschrank kühlen.

5. Die restliche Blockschokolade mit der Küchenmaschine reiben und ca. zwei Drittel im Wasserbad schmelzen, wobei das Wasser nicht kochen sollte. Den Topf vom Wasserbad nehmen und die restliche Schokolade in mehreren kleinen Portionen einrühren. Zum Schluss das Kokosöl unterrühren, zuerst mit der kleineren Menge beginnen und diese je nach Bedarf erhöhen.

6. Die geschmolzene Schokolade in ein schmales Schälchen füllen, die Cake-Pops schräg in die Schokolade tauchen, einmal drehen sodass sie rundherum überzogen sind, heraus nehmen und den Überschuss abklopfen. Den Schmetterling vorsichtig in die noch feuchte Schokolade drücken und die Cake-Pops in die Trockenstation stecken und trocknen lassen.

Hortensien-Cake-Pops

Schoko/Kirsch

Für den Teig:
200 ml Mandeldrink
2 El Apfelessig
70 ml Maiskeimöl
1/4 Tl Vanille, gemahlen
170 g Rohrohrzucker
100 g Weizenmehl
90 g Dinkelvollmehl
40 g Kakaopulver
1 Tl Backpulver

Für die Krümelmasse:
110 g Kirschmarmelade
40 g vegane Butter

260 g weiße Kuvertüre
15-25 g Kokosöl
Grüne Schokoladenfarbe (fettlösliche Lebensmittelfarbe) je nach gewünschter Farbintensität

27 Cake-Pop-Sticks oder kleine Gäbelchen
27 Hortensien-Zuckerblüten (Anleitung Siehe Seite 10)

Ergibt 27 Cake-Pops

1. Backofen auf 180° C Ober-/Unterhitze vorheizen.

2. Den Mandeldrink mit dem Apfelessig vermischen und 10 Minuten stehen lassen.

3. Anschließend mit dem Handrührgerät das Maiskeimöl, die Vanille und den Zucker unter die Mandeldrink-Mischung mischen.

4. Nun noch Weizenmehl, Dinkelmehl, Kakaopulver und Backpulver unter den Teig mischen und diesen in 8 geölte und bemehlte Mulden einer Muffinform füllen.

5. Die Muffinform in den Backofen schieben und 25 Minuten backen. Mit der Stäbchenprobe überprüfen ob die Muffins fertig gebacken sind. Aus dem Backofen nehmen und auskühlen lassen.

6. Die ausgekühlten Muffins im Universalzerkleinerer mahlen.

7. Die Kirschmarmelade und die vegane Butter unter die Kuchenkrümel kneten und den Teig ca. 15 Minuten in den Gefrierschrank oder 30 Minuten in den Kühlschrank stellen.

8. Anschließend mit Hilfe einer Cake-Pop-Zange Kugeln formen und diese für 15 Minuten in den Gefrierschrank stellen.

9. Eine kleine Menge der Kuvertüre vorab im Wasserbad schmelzen, die Gabeln 1 cm tief in die Kuvertüre tauchen und ca. bis zur Hälfte in die Cake-Pops stecken. Die Cake-Pops 10-15 Minuten im Gefrierschrank kühlen..

10. Die Cake-Pops wie auf Seite 20 beschrieben mit der restlichen, gefärbten Schokolade überziehen.

11. Die Cake-Pops auf einen Teller stellen, den Stiel oder die Gabel noch so lange fixieren, bis der Boden etwas angetrocknet ist, sodass der Cake-Pop gerade stehen bleibt. Die Blüte in die noch feuchte Glasur drücken und kontrollieren, dass sie nicht verrutscht.

Tulpen im Blumentopf

Zucchini/Kokos

65 g Sojajoghurt
100 ml Maiskeimöl
2 El Sojamehl mit 4 El Wasser verrührt
180 g Rohrohrzucker
1 El Vanillezucker
45 g Kokosflocken
140 g Weizenmehl
1 Tl Natron
1 Tl Zimt
etwas frisch gemahlenen Muskat
200 g fein geriebene Zucchini (Netto braucht man 120 g ausgedrückte, fein geriebene Zucchini)

4 El Johannisbeer-marmelade

24 Cake-Pop-Sticks
30 g Kuvertüre

1 El Marmelade mit wenig Wasser püriert
30 g Modellier-schokolade pro Tulpe
4 g grüne Blütenpaste pro Tulpe
Blüten-Ausstecher 4,5 cm und 5,5 cm
Länglicher Blatt-Ausstecher 8 cm
Rolling-Pin – Kleiner Ausrollstab für Fondant
Rolling-Board – Modellier-Brett

1. Backofen auf 180° C Ober-/Unterhitze vorheizen.

2. Sojajoghurt, Öl, Sojamehl-Wasser-Mischung, den Zucker und den Vanillezucker mit dem Handrührgerät verrühren.

3. Zucchini mit der Küchenmaschine fein reiben und beiseite stellen.

4. Die Kokosflocken in einem Universalzerkleinerer fein mahlen, mit Mehl, Natron, Zimt, Muskat und den 120 g ausgedrückten Zucchini verrühren. Den Teig in 12 mit Öl eingefetteten und mit Mehl bestäubten Mulden einer Muffinform aufteilen und 25-28 Minuten backen.

5. Die Muffins auskühlen lassen, im Universalzerkleiner fein mahlen, die Johannisbeer-Marmelade mit den Händen unter den Teig mischen, mit Hilfe einer Cake-Pop-Zange 24 Kugeln formen und diese wiederum zu 24 Kegel formen. Die Kegel müssen keine perfekte Oberfläche haben da man anschließend nichts mehr davon sehen wird. Die Kegel in den Unterteil einer Cake-Pop-Backform legen und für 15 Minuten in den Gefrierschrank stellen.

6. Die Kuvertüre im Wasserbad schmelzen, die Sticks 1 cm tief in die Schokolade tauchen und vorsichtig mit einer Drehbewegung bis ungefähr zur Hälfte in die Cake-Pops stecken. Die Cake-Pops einige Stunden im Kühlschrank gut durchkühlen lassen.

7. Die gut gekühlten Cake-Pop-Kegel werden zuerst dünn mit der pürierter Marmelade eingestrichen damit die Modellierschokolade hält.

8. Anschließend die Modellierschokolade mit dem Rolling-Pin am Rolling-Board sehr dünn ausrollen und je Tulpe 3 kleine und 4 große Blütenblätter ausstechen.

9. Nun legt man das Blütenblatt in die linke Handfläche, dünnt mit dem rechten Daumen die Blüten erst am oberen Rand etwas aus, drückt anschließend den unteren Teil von

Ergibt 24 Tulpen

Rand etwas aus, drückt anschließend den unteren Teil von der Mitte nach außen etwas dünner und gibt ihm gleichzeitig eine leichte Krümmung.

10. Die drei kleinen Blütenblätter werden nun vorsichtig überlappend auf den Kegel angebracht. Überlappend heißt, man legt das erste Blütenblatt oben auf den Kegel, schiebt erst das zweite Blütenblatt etwas unter das erste und dann das dritte etwas unter das zweite, und schiebt die Blütenblätter so über die Kegelspitze dass sie geschlossen sind, und man nichts mehr vom Kegel sieht.

11. Die Blütenblätter etwas an den Kegel andrücken und zwei der größeren Blätter gegenüber auf dem Kegel so anbringen, dass sie direkt am Cake-Pop-Stick beginnen.

12. Die Blütenblätter etwas am Kegel andrücken bevor man an den beiden leer gebliebenen Stellen nun die beiden letzten größeren Blütenblätter ebenfalls gegenüber anbringt und festdrückt.

13. Zum Schluss kann man den Blütenblättern oben mit den Fingern vorsichtig noch eine leichte Welle nach außen geben um sie etwas lebendiger zu gestalten.

14. Bevor man die Blätter macht, sollten die Blüten schon etwas hart geworden sein, da man sie zum Trocknen der Blätter auf den Kopf stellen muss. Die grüne Blütenpaste dünn ausrollen, mit dem Blatt-Ausstecher jeweils ein Blatt ausstechen, unten eine kleine Stelle dünn mit Wasser bestreichen und das Blatt vorsichtig um den Cake-Pop-Stick wickeln und festdrücken. Nun die Blüte auf den Kopf stellen, gegebenenfalls anlehnen und warten bis die Blätter trocken sind.

Tipp: Will man nur wenige Tulpen verschenken, macht man aus dem restlichen Teig andere Cake-Pops nach Wunsch und überzieht sie mit Schokolade.

Blumentöpfe

für die Tulpen

100 g Dinkelvollmehl
100 g Weizenmehl
20g Kakaopulver
8 g Backpulver
100 g Rohrohrzucker
35 g Maiskeimöl
180 ml Wasser

Kokosöl
Paniermehl

Ergibt 6 kleine Blumentöpfchen ohne Loch aus Ton (Höhe ca 6 cm, Ø 7 cm)

1. Die sauberen Blumentöpfe 30 Minuten in kaltem Wasser einweichen.

2. Backofen auf 175° C Ober-/Unterhitze vorheizen.

3. Dinkelvollmehl, Weizenmehl, Kakaopulver, Backpulver und Rohrohrzucker verrühren. Anschließend das Maiskeimöl und das Wasser mit den trockenen Zutaten verrühren.

4. Die gut abgetrockneten Blumentöpfe mit Kokosöl einpinseln, mit Paniermehl bestäuben und den Teig in die Blumentöpfe füllen. Die Töpfe sollten zu zirka dreiviertel gefüllt sein. Wer noch zusätzliche Teigbrösel als Erde über den Kuchen verteilen möchte, bäckt etwas Teig in einer Muffin-Papiermanschette, die man nach ca 25 Minuten aus dem Backofen nehmen muss.

5. Die Töpfe in den Backofen stellen und 30 Minuten backen. Mit der Stäbchenprobe überprüfen, ob die Muffins fertig gebacken sind, aus dem Ofen nehmen und abkühlen lassen.

6. Die Tulpen in die Töpfe stecken und gegebenenfalls noch etwas zerkrümelten Kuchenteig über dem Kuchen verteilen.

Tipp: Da sich die Blumentöpfe perfekt als Geschenk zum Muttertag oder als Geburtstagsgeschenk eignen, ist die Menge der Blumentöpfe nicht gleich wie die Tulpen-Menge. Aus den restlichen Tulpen kann man einen hübschen Strauß machen.

Optional:
echte Rosenblätter
grünes Floristenband

Ergibt 22 Cake-Pops

9. Die drei Blütenblätter werden nun vorsichtig überlappend auf den Kegel angebracht. Überlappend heißt, man legt das erste Blütenblatt oben auf den Kegel, schiebt erst das zweite Blütenblatt etwas unter das erste und dann das dritte etwas unter das zweite, und schiebt die Blütenblätter so über die Kegelspitze, dass sie geschlossen sind und man nichts mehr vom Blütenkegel sieht. Zum Schluss kann man den Blütenblättern mit den Fingern vorsichtig noch eine leichte Welle nach außen geben, um sie etwas lebendiger zu gestalten.

10. Nun weitere 9-12 Blütenblätter ausstechen, ausdünnen und jeweils überlappend auf der Rose anbringen, bis man sich langsam um die Rose herum und bis zum Cake-Pop-Stick nach unten gearbeitet hat. Wie viele Blüten-Blätter man machen möchte ist Geschmacksache. Arbeitet man mit Modellierschokolade, kann man alle Blüten-Blätter gleichzeitig ausstechen und benötigt kein Wasser zum Ankleben. Arbeitet man mit Blütenpaste, sollte man immer nur 1-2 Blütenblätter gleichzeitig ausrollen, da diese schnell trocknen. Zum Ankleben trägt man mit einem Pinsel etwas Wasser auf das untere Drittel der Blütenblätter auf. Die Blütenblätter können wieder mit den Fingern leicht nach außen gebogen werden. Da Rosen in der Blattmitte oft eine leichte Spitze bilden, kann man diese ebenfalls vorsichtig mit den Fingern nachformen.

11. Zum Schluss rollt man die grüne Modellierschokolade oder Blütenpaste dünn aus und sticht mit dem Calyx-Ausstecher das Grün aus. Mit einem Zahnstocher ein kleines Loch in der Mitte machen und den Calyx auf den Cake-Pop-Stick bis zur Blüte schieben und um die Rose biegen, wobei man für die Blütenpaste wieder mit einem Pinsel etwas Wasser in der Mitte des Calyx aufträgt.

12. Wer mag kann noch mit etwas grünem Floristenband je ein echtes Rosenblatt am Cake-Pop-Stick befestigen.

Tipp: Am Foto sieht man den Unterschied von Modellierschokolade und Blütenpaste. Die Rosen aus Modellierschokolade (links) schmecken gut, während man die Rosen aus Blütenpaste (rechts) wohl eher als Deko verwendet. Bei der Blütenpaste sei noch zu erwähnen, dass die vegane Variante leider nicht so dünn zu verarbeiten ist wie die Variante mit Gelatine.

Osterhasen-Keks-Pops

Mürbe Kekse mit Maronen-Füllung

220 g vegane Butter
180 g Zucker
1/2 Tl Vanille, gemahlen
1 gestrichener El Sojamehl mit 2 El Wasser verrührt
350 g Weizenmehl
2 flache Tl Backpulver

Backpapier
Maronencreme* zum Füllen

Rollfondant
Hellgrüne Pastenfarbe für Lebensmittel zum Färben des Fondants

Puderzucker oder Bäckerstärke zum Ausrollen des Fondants
Lebensmittelkleber (Rezept siehe Seite 16)

Hasen-Ausstecher (4,5 cm)
Rollingpin – Kleiner Ausrollstab für Fondant
Rollingboard – Modellierbrett zum Ausrollen des Fondants
Dünne Holzspieße

Ergibt 170 kleine Kekse (siehe Tipp)

1. Die vegane Butter mit dem Zucker und der gemahlenen Vanille schaumig rühren. Das Sojamehl mit dem Wasser verrühren.

2. Die Sojamehl-Mischung zusammen mit dem Mehl und dem Backpulver unter den Teig kneten, in eine Schüssel legen, abdecken und 30 Minuten im Kühlschrank ruhen lassen.

3. Den Backofen auf 175° C Ober-/Unterhitze vorheizen und zwei Backbleche mit Backpapier auslegen.

4. Den Teig auf der bemehlten Arbeitsfläche 3-5 mm dünn ausrollen. Da der Teig sehr weich ist, funktioniert der Transport der ausgestochenen Kekse auf das Backblech am Besten solange die Kekse noch im Ausstecher sind. Wenn der Teig durch mehrmaliges erneutes Ausrollen zu weich wird, einfach zwischendurch ein paar Minuten in den Kühlschrank legen.

5. Die ausgestochenen Kekse nacheinander 10-13 Minuten – je nach Dicke der Kekse – backen, bis sie am Rand ganz leicht beginnen, Farbe zu bekommen. Die Backbleche aus dem Backofen nehmen und die Kekse abkühlen lassen.

6. Da die Hasen beim Backen etwas größer werden, sucht man sich für die Keks-Pops die kleineren Hasen aus damit der ausgestochene Fondant-Hase nicht zu klein ist und testet, welche zwei Hasen jeweils am Besten übereinander passen.

7. Den Fondant mit der Pastenfarbe nach Wunsch färben. Wenn der Fondant dabei zu klebrig wird noch etwas Puderzucker unterkneten. Man sollte beim Färben bedenken, dass sich je nach verwendeter Farbe diese noch etwas intensivieren kann wenn der Fondant erst später verwendet wird. Wer mag verwendet zum Färben Einmalhandschuhe, um keine bunten Hände zu bekommen.

8. Den Fondant auf einem mit Puderzucker oder Bäckerstärke bestaubten Modellierbrett möglichst dünn ausrollen,

* Die Maronen-Creme gibt es im gut sortierten Lebensmittelladen in der Marmeladen-Abteilung. Optional kann man die Hasen aber auch mit einer festen Schokoladen-Ganache füllen. Eine dünne Marmelade eignet sich nicht, da die Spieße damit nicht halten würden.

Hasen ausstechen und auf die halbe Menge der Hasen-Kekse kleben. Je nach Außentemperatur und Temperatur des Fondants kann es ausreichen, die Kekse mit dem Finger nur leicht mit Wasser zu benetzen und den Fondant-Hasen darauf zu drücken. Sollte der Fondant nicht kleben bleiben, verwendet man etwas verdünnte pürierte Marmelade, mit der man die Kekse möglichst dünn bestreicht.

9. Im letzten Schritt werden die Hasen zusammengeklebt indem man den undekorierten Hasen auf der Oberseite dünn mit der Maronen-Creme bestreicht, den Spieß vorsichtig in die Creme drückt, und den vorsichtig an der Unterseite mit Maronen-Creme bestrichenen Hasen aufsetzt und festdrückt. Die Keks-Pops im Liegen noch etwas trocknen, damit der Spieß hält.

10. Wenn man mag, kann man die Hasen auch noch mit kleinen runden Fondant-Schwänzchen verzieren und sie mit einem Schleifchen um den Hals dekorieren.

Tipp: Ich mache meist nicht aus dem kompletten Teig Keks-Pops. Die restlichen Kekse beklebe ich entweder ungefüllt mit einem dünnen Fondant-Hasen oder verschenke auch die nicht verzierten Kekse in Zellophan-Tütchen gefüllt und hübsch verpackt. Zum Naschen schmecken mir die undekorierten Kekse sogar noch besser. Man muss auch nicht aus der kompletten Menge Hasen ausstechen, auch kleine Küken, Schäfchen oder Karotten eignen sich fürs Osterfest. Siehe hierzu auch die Enten-Cake-Pops auf Seite 36.

Entenbaby-Cake-Pops

Heller Kuchen

40 g Zucker
1 Tl Vanillezucker oder 1 Msp. gem. Vanille
100 g Weizenmehl
1 leicht gehäufter Tl Backpulver
1 El Aprikosen-marmelade
40 ml Maiskeimöl
60 ml Wasser
etwas Kuvertüre zum Befestigen der Cake-Pop-Sticks

700 g Rollfondant
Blaue Pastenfarbe für Lebensmittel
Gelbe Pastenfarbe für Lebensmittel
Schoko-Streusel für die Augen der Küken
Puderzucker

etwas Marmelade oder Gelee zum Festkleben des Rollfondants
Lebensmittelkleber (Rezept siehe Seite 16)

Kreis-Ausstecher Ø 10 cm
Enten-Ausstecher 3,5 x 3,7 cm

Dünner Pinsel, lebensmittelecht
14 gelbe Cake-Pop-Sticks

Ergibt 14 Cake-Pops

1. Die Küken-Kekse nach dem Rezept „Osterhasen-Keks-Pops" machen (s. Seite 33).

2. Die trockenen Zutaten – Zucker, Vanillezucker, Weizenmehl und Backpulver – mit der Marmelade verrühren.

3. Mit dem Schneebesen oder dem Handrührgerät zügig das Öl und das Wasser unter die trockene Mischung rühren. Der Teig sollte nur so lange verrührt werden, bis alle Zutaten vermischt sind.

4. Den Cake-Pop-Maker vorheizen, den Teig teelöffelweise bis zum Rand in die unteren Halbkugeln füllen, den Cake-Pop-Maker schließen und die Cake-Pops 4-5 Minuten backen.

5. Nach dem Backen die Cake-Pops vorsichtig aus der Maschine nehmen und am besten im Unterteil einer Cake-Pop-Backform auskühlen lassen, um zu verhindern, dass sie Druckstellen bekommen.

6. Den Fondant mit der Lebensmittelfarbe färben. Sollte der Fondant zu klebrig werden, gesiebten Puderzucker unterkneten. Manche Lebensmittelfarben färben nach, wenn der Fondant etwas zieht. Das sollte man bei der Farbmenge bedenken.

7. Den Fondant dünn ausrollen, Je nach Unterlage etwas Puderzucker auf die Unterlage sieben, damit der Fondant beim Ausrollen nicht festklebt. Pro Cake-Pop einen Kreis ausstechen.

8. Die Cake-Pops mit etwas Marmelade bestreichen damit der Fondant hält. Sollte die Marmelade zu dick sein, kann man sie mit ganz wenig Wasser pürieren. Den Fondant vorsichtig rund um den Cake-Pop formen, am Stick festdrücken, den überstehenden Teil abschneiden und mit dem Stick nach oben auf einen Teller stellen. Ein rechteckiges Stück Fondant ausrollen und wie Wellen rund um den Cakepop-Stiel aufkleben.

9. Zum Schluss mit etwas Marmelade oder Lebensmittelkleber die Keks-Küken ankleben.

Geburtstags-Cake-Pops

Schokoladenkuchen

80 g Weizenmehl
50 g Zucker
1 Tl Vanillezucker
10 g Kakaopulver, ungesüßt
1/2 Tl Backpulver
60 ml Wasser
25 ml Maiskeimöl

120 g dunkle Kuvertüre (40%)
5-12 g Kokosöl

1. Die trockenen Zutaten verrühren.

2. Mit dem Schneebesen oder dem Handrührgerät schnell das Öl und das Wasser unter die trockene Mischung rühren. Man sollte die Zutaten nur so lange rühren, bis alles vermischt ist.

3. Den Cake-Pop-Maker vorheizen, den Teig teelöffelweise nur knapp über den Rand in elf der Halbkugeln füllen, den Cake-Pop-Maker schließen und die Cake-Pops 5-6 Minuten backen.

4. Die Cake-Pops anschließend mit Hilfe eines Löffels oder eines Zahnstochers vorsichtig aus der Maschine nehmen und

11 Cake-Pop-Sticks
Goldener Stift – Click Twist Brush in Metallic Light gold
Torten-Kerzen mit Ständern

Ergibt 11 Cake-Pops

abkühlen lassen. Damit die Cake-Pops rund bleiben und keine Dellen vom Liegen bekommen, ist es am besten, wenn man sie im Unterteil einer Cake-Pop-Backform auskühlen lässt.

5. Backofen-Variante: Backofen auf 180° C Ober-/Unterhitze vorheizen. Die Cake-Pop-Form gut einfetten und mit Mehl bestäuben. Den Teig auf 11 Mulden aufteilen, die Cake-Pop-Form schließen und die Cake-Pops 25 Minuten backen. Die Backform aus dem Backofen nehmen und mindestens 5-10 Minuten abkühlen lassen, anschließend den Deckel vorsichtig abnehmen und die Kugeln aus der Form drücken. Vor der Verarbeitung vollständig auskühlen lassen.

6. Eine kleine Menge der Kuvertüre vorab im Wasserbad schmelzen, die Sticks 1 cm tief in die Kuvertüre tauchen und vorsichtig mit einer Drehbewegung bis ungefähr zur Hälfte in die Cake-Pops stecken. Die Cake-Pops 10-15 Minuten im Gefrierschrank oder entsprechend länger im Kühlschrank kühlen.

7. Die Cake-Pops wie auf Seite 7 beschrieben mit der restlichen Schokolade überziehen.

8. Mit dem Gold-Pinsel goldene Tupfen auf die Pops malen und die Kerzenständer vorsichtig in die Mitte der Cake-Pops stecken.

Tipp:

Wenn die Cake-Pops beim Öffnen des Cake-Pop-Makers auseinanderbrechen, kann das ein Zeichen dafür sein, dass die Pops nicht lange genug gebacken wurden. Die richtige Teigmenge und die richtige Backdauer zu erreichen ist Übungssache. Je nach Cake-Pop-Maker kann es auch helfen, das Gerät kurz umzudrehen, damit die Pops oben mehr Hitze bekommen. Grundsätzlich gilt aber, dass Cake-Pops aus gebackenen Pops schwieriger in der Herstellung sind. Ich bevorzuge auch aus Geschmacksgründen die meist saftigeren Cake-Pops aus Krümelmasse.

Spitzen-Schoko-Herzen

Cashew/Schoko/Trüffel

240 g Cashewkerne
20 g Kakaopulver
40 g Kokosmehl
40 g Kokosöl
70 g Agavendicksaft
1/2 Tl Vanille, gemahlen

220 g Blockschokolade
10-20 g Kokosöl

13 Cake-Pop-Sticks
Herz-Keksausstecher (5,5 cm)

Tricot Decor Silikonmatte für essbare Spitze in Herzform
Tricot Decor Pulver, weiß

Ergibt 13 Herzen

1. Die Tricot-Spitzenherzen nach Packungsanweisung herstellen.

2. Die Cashewkerne über Nacht einweichen.

3. Am nächsten Tag die abgetropften Cashewkerne mit dem Kakaopulver, Kokosmehl, flüssigem Kokosöl, Agavendicksaft und der Vanille im Universalzerkleinerer fein pürieren.

4. Die Masse 30 Minuten in den Kühlschrank stellen und anschließend zwischen einer Frischhaltefolie ca. 1,5 cm dünn ausrollen (so dick wie die Ausstecher hoch sind) und die Masse 30 Minuten im Gefrierschrank einfrieren.

5. Aus der gekühlten Cashew-Masse Herzen ausstechen, Cake-Pop-Sticks in etwas geschmolzene Schokolade tauchen und vorsichtig ca. 2-3 cm von der Herzspitze aus in die Herzen stecken. Die Herzen noch etwas nachformen und flach liegend 30 Minuten im Gefrierschrank einfrieren.

6. Die restliche Blockschokolade mit der Küchenmaschine reiben und ca. zwei Drittel im Wasserbad schmelzen, wobei das Wasser nicht kochen sollte. Den Topf vom Wasserbad nehmen und die restliche Schokolade in mehreren kleinen Portionen einrühren. Zum Schluss das Kokosöl unterrühren, zuerst mit der kleineren Menge beginnen und diese je nach Bedarf erhöhen.

7. Die geschmolzene Kuvertüre in ein schmales Schälchen füllen, die Herzen schräg in die Kuvertüre tauchen, einmal drehen sodass sie rundherum überzogen sind, heraus nehmen und den Überschuss abklopfen. Die Herzen in die Trockenstation stecken und trocknen lassen.

8. Die Spitzenherzen erst vorsichtig auf die Cake-Pops anbringen, wenn diese getrocknet sind. Ein Kleber ist dazu nicht nötig.

Tipp: Bei den Spitzenherzen klappt meiner Erfahrung nach eine Trocknung an der Luft besser als die im Backofen. Das dauert dann aber je nach Außentemperatur ein paar Tage.

LOVE
LOVE
LOVE
LOVE

Herz-Cake-Pops

Karotte

Für den Teig:
100 g Karotten
50 g Kokosöl
30 g Mandeln, gemahlen
90 g Rohrohrzucker
1 El Sojamehl mit 2 El Wasser vermischt
50 ml Sojadrink
100 g Weizenmehl
1 flacher Tl Backpulver
1/4 Tl Natron
1/2 Tl Zimt, gemahlen
etwas frisch geriebene Muskatnuss

Für die Krümelmasse:
60 g vegane Frischkäsealternative

200 g weiße Kuvertüre
10-20 g Kokosöl
Rote Schokoladenfarbe (fettlösliche Lebensmittelfarbe) nach gewünschter Farbintensität

16 Cake-Pop-Sticks
Herz-Cake-Pop-Mold
Lebensmittel-Filzstift

Ergibt 16 Herz-Cake-Pops

1. Backofen auf 180° C Ober-/Unterhitze vorheizen.

2. Karotten in der Küchenmaschine fein reiben und beiseite stellen.

3. Sollte das Kokosöl fest sein, dieses bei geringer Hitze schmelzen und mit den gemahlenen Mandeln, dem Rohrohrzucker, der Sojamehl-Mischung, dem Sojadrink und den ausgedrückten Karotten mit dem Handrührgerät kurz verrühren.

4. Mehl, Backpulver, Natron, Zimt und Muskatnuss mischen und unter die Karotten-Masse rühren. Nur so lange rühren, bis alles gut vermischt ist.

5. Den Teig auf 6 Mulden einer mit Kokosöl bestrichenen und mit Mehl bestäubten Muffinform aufteilen und 35 Minuten backen. Mit der Stäbchenprobe überprüfen, ob die Muffins fertig gebacken sind, aus dem Ofen nehmen und auskühlen lassen.

6. Den Teig grob zerkrümeln, mit dem Universalzerkleinerer in regelmäßige Krümel mahlen und mit der veganen Frischkäsealternative gut durchkneten. Die Masse sollte einige Zeit im Kühlschrank durchziehen.

7. Mit einem Herz-Cake-Pop-Former 16 Herzen formen. Die Herzen vorsichtig in eine tiefkühlergeeignete Form legen und für 15 Minuten gefrieren.

8. Die Cake-Pops-Sticks wie auf Seite 20 beschrieben in die Cake-Pops stecken, kühlen und mit der restlichen, gefärbten Schokolade überziehen.

9. Die geschmolzene Kuvertüre in ein schmales Schälchen füllen, die Cake-Pops schräg in die Kuvertüre tauchen, einmal drehen sodass sie rundherum überzogen sind, heraus nehmen und den Überschuss abklopfen. Die Cake-Pops in die Trockenstation stecken, trocknen lassen und nach Wunsch beschriften sobald der Überzug hart ist.

XoXo
XoXo
XoXo

Kürbis-Cake-Pops

Kürbis/Walnuss

100 g Hokkaido Kürbis
50 g Kokosöl
30 g Walnüsse, gemahlen
90 g Rohrohrzucker
1 El Sojamehl mit 2 El Wasser verrührt
50 ml Sojadrink
100 g Weizenmehl
1 gestrichener Tl Backpulver
1/4 Tl Natron
1/2 Tl Zimt, gemahlen

1. Backofen auf 180° C Ober-/Unterhitze vorheizen.

2. Kürbis mit Schale in der Küchenmaschine fein reiben.

3. Sollte das Kokosöl fest sein, dieses bei geringer Hitze schmelzen und mit den gemahlenen Nüssen, dem Zucker, der Sojamehl-Mischung, dem Sojadrink und dem geriebenen Kürbis mit dem Handrührgerät kurz verrühren.

4. Mehl, Backpulver, Natron und Zimt verrühren und unter die Kürbis-Mischung rühren. Nur so lange rühren, bis alles gut vermischt ist.

3-4 El Johannisbeermarmelade

180 g weiße Kuvertüre
10-20 g Kokosöl
Orange Schokoladenfarbe (fettlösliche Lebensmittelfarbe) nach gewünschter Farbintensität
Oranger Lebensmittel-Farbstift
etwas grünen oder braunen Fondant für die Kürbis-Stiele
Lebensmittelkleber (Rezept siehe Seite 16)

16 Cake-Pop-Sticks

Ergibt 16 Pops

5. Den Teig auf 8 Mulden einer mit Kokosöl bestrichenen und mit Mehl bestäubten Muffinform aufteilen und 25 Minuten backen. Mit der Stäbchenprobe überprüfen ob die Muffins fertig gebacken sind, aus dem Ofen nehmen und auskühlen lassen.

6. Den Teig grob zerkrümeln, mit dem Universalzerkleinerer in regelmäßige Krümel mahlen und mit der Johannisbeermarmelade gut durchkneten.

7. Den Teig 15 Minuten in den Gefrierschrank oder 30 Minuten in den Kühlschrank stellen und anschließend mit der Cake-Pop-Zange zu 16 Cake-Pops verarbeiten. Die Cake-Pop-Kugeln leicht flach drücken und mit einem Holzspieß tiefe Rillen in den Kürbis drücken, auf einen Teller legen und nochmal für 15 Minuten in den Gefrierschrank stellen.

8. Eine kleine Menge der Kuvertüre vorab im Wasserbad schmelzen, die Sticks 1 cm tief in die Kuvertüre tauchen und vorsichtig mit einer Drehbewegung bis ungefähr zur Hälfte in die Cake-Pops stecken. Die Cake-Pops 10-15 Minuten im Gefrierschrank oder entsprechend länger im Kühlschrank kühlen.

9. Die restliche Kuvertüre mit der Küchenmaschine reiben und ca. zwei Drittel im Wasserbad schmelzen, wobei das Wasser nicht kochen sollte. Den Topf vom Wasserbad nehmen und die Schokoladenfarbe zusammen mit der restlichen Kuvertüre in mehreren kleinen Portionen einrühren. Zum Schluss das Kokosöl unterrühren, zuerst mit der kleineren Menge beginnen und diese je nach Bedarf erhöhen.

10. Die geschmolzene Kuvertüre in ein schmales Schälchen füllen, die Cake-Pops schräg in die Kuvertüre tauchen, einmal drehen sodass sie rundherum überzogen sind, heraus nehmen und den Überschuss abklopfen.

11. Wenn die Cake-Pops getrocknet sind, die Rillen mit einem Stift nachmalen. Mit einem Spieß an der Stelle, an der der Stiel kommt, vorsichtig ein kleines Loch bohren, mit Fondant einen kleinen Stiel formen und diesen mit etwas Lebensmittelkleber ankleben.

Tipp: Statt der Walnüsse kann man auch Mandeln verwenden.

Ilex-Cake-Pops

Schwarze Bohnen/Schoko-Trüffel

100 g schwarze Bohnen* getrocknet – ergibt 220 g gekocht
20 g Kokosöl
60 g Agavendicksaft
2 Tl Lucumapulver
2 Tl Macapulver
30 g Kakaopulver
10-15 g Kokosmehl

160 g Blockschokolade
10-15 g Kokosöl

14 rote-weiß gestreifte Papier Strohhalme
28 Ilex-Blätter
14 mal 3 rote Kügelchen

16 g grünen Rollfondant
2 g roten Rollfondant
Werkzeug: Ilex-Ausstecher mit Auswerfer, 2,2 cm

Ergibt 14 Cake-Pops

1. Die Bohnen 12 Stunden einweichen und anschließend in frischem Wasser 90-120 Minuten kochen. Sobald die Bohnen weich sind, gießt man diese ab und lässt sie auskühlen.

2. Anschließend kommen alle Zutaten in den Universalzerkleinerer und werden so lange zerkleinert, bis eine feine homogene Masse entstanden ist. Die Menge des Kokosmehls hängt von der Konsistenz der Masse ab. Man beginnt mit 10 Gramm Kokosmehl, sollte die Masse zu weich sein, erhöht man das Kokosmehl um 5 Gramm. Die Masse kommt nun 15 Minuten in den Gefrierschrank.

3. Nun formt man aus der Masse 14 regelmäßige Kugeln, welche anschließend für 30 Minuten in den Gefrierschrank kommen.

4. Eine kleine Menge der Schokolade vorab im Wasserbad schmelzen, die Strohhalme 1 cm tief in die Kuvertüre tauchen und vorsichtig bis maximal zur Hälfte in die Cake-Pops stecken. Die Cake-Pops 10-15 Minuten im Gefrierschrank oder entsprechend länger im Kühlschrank kühlen.

5. Die Cake-Pops wie auf Seite 7 beschrieben mit der restlichen Schokolade überziehen und die Deko in die noch feuchte Schokolade drücken, bevor man die Cake-Pops in die Trockenstation steckt.

Die Pops können auch mit Kidney-Bohnen gemacht werden. Bei Dosen-Produkten sollte man allerdings darauf achten, dass diese nicht gesalzen sind.

Tipp: Obwohl ich Cake-Pops am liebsten mit Hilfe einer Cake-Pop-Zange forme, finde ich, dass es bei diesem Rezept einfacher ist, die Teigmenge zwar mit der Cake-Pop-Zange zu portionieren, die Kugeln dann aber anschließend mit den Händen zu rollen.

* Schwarze Bohnen bekommt man im Bioladen.

Weihnachtsbaum-Cake-Pops

Panettone/Maronen

Für den Teig:
50 g vegane Butter
125 ml Sojadrink
300 g Mehl
50 g Zucker
1 Pr. Salz
1 Msp Kurkuma
2 1/2 El Apfelmus
12 g Orangeat
12 g Zitronat
40 g Rosinen
2 gestrichene Tl Hefe

1. Den Sojadrink mit der veganen Butter erwärmen, bis der Drink lauwarm ist und die vegane Butter geschmolzen ist.

2. Orangeat und Zitronat fein hacken und alle Teig-Zutaten in die Küchenmaschine geben, den Knethaken einsetzten einsetzten und kneten bis ein schöner Teig entstanden ist.

3. Ein Küchentuch über die Schüssel legen und den Teig eineinhalb bis zwei Stunden gehen lassen.

4. Den Teig nach der Gehzeit einmal durchkneten und auf 8 Mulden einer gut geölten und bemehlten Muffinform

* Die Maronen-Creme gibt es im gut sortierten Lebensmittelladen in der Marmeladen-Abteilung.

Für die Krümelmasse:
4 Panettone-Muffins
100 g Maronencreme* – ersatzweise Aprikosenmarmelade
50 g Mandelmus, braun
2 Tr Orangenöl, Bio

Optional: 10 g Zitronat und 10 g Orangeat

200 g weiße Kuvertüre
10-20 g Kokosöl
grüne Schokoladenfarbe (fettlösliche Lebensmittelfarbe) nach gewünschter Farbintensität

18 Cake-Pop-Sticks
Cake-Pop-Mold in Tannenbaumform
Zucker-Kügelchen

Der Teig ergibt 8 Panettone in Muffin-Größe

Die Krümelmasse aus 4 Panettone-Muffins ergibt 18 Cake-Pops

aufteilen. Mit einem Küchentuch abgedeckt nochmal 30–40 Minuten gehen lassen.

5. Den Backofen auf 180° C Ober-/Unterhitze vorheizen und die Panettone-Muffins 20 Minuten auf mittlerer Schiene backen. Mit der Stäbchenprobe überprüfen, ob der Teig fertig gebacken ist. Panettone aus dem Backofen nehmen und auskühlen lassen.

6. Vier der fertigen Panettone-Muffins grob zerkrümeln und im Universalzerkleinerer fein mahlen.

7. Die Krümelmasse mit der Maronen-Creme, dem Mandelmus und dem Orangenöl gut verkneten. Wenn man Orangeat und Zitronat gerne mag, kann man dieses noch zusätzlich unter die Masse kneten, dafür sollte es sehr fein gehackt sein. Wenn man statt der Maronencreme Aprikosenmarmelade verwendet, diese nur langsam zugeben und zwischendurch die Konsistenz der Masse überprüfen.

8. Nun mit Hilfe der Tannen-Cake-Pop-Mold kleine Bäume formen und diese 15 Minuten in den Gefrierschrank stellen.

9. Eine kleine Menge der Kuvertüre vorab im Wasserbad schmelzen, die Sticks 1 cm tief in die Kuvertüre tauchen und vorsichtig mit einer Drehbewegung bis ungefähr zur Hälfte in die Cake-Pops stecken. Die Cake-Pops 10-15 Minuten im Gefrierschrank oder entsprechend länger im Kühlschrank kühlen.

10. Die restliche Kuvertüre mit der Küchenmaschine reiben und ca. zwei Drittel im Wasserbad schmelzen, wobei das Wasser nicht kochen sollte. Den Topf vom Wasserbad nehmen und die Schokoladenfarbe zusammen mit der restlichen Kuvertüre in mehreren kleinen Portionen einrühren. Zum Schluss das Kokosöl unterrühren, zuerst mit der kleineren Menge beginnen und diese je nach Bedarf erhöhen.

11. Die geschmolzene Kuvertüre in ein schmales Schälchen füllen, die Cake-Pops schräg in die Kuvertüre tauchen, einmal drehen sodass sie rundherum überzogen sind, heraus nehmen und den Überschuss abklopfen. Vorsichtig die Kügelchen regelmäßig auf die Bäume verteilen, die Cake-Pops in die Trockenstation stecken und trocknen lassen.

Stern-Cake-Pops

Brownies

Für den Teig:
70 g vegane Butter
2 gestrichene El Sojamehl
100 g Rohrohrzucker
1 Msp. Vanille
70 ml Mandeldrink
100 g Mehl
50 g Kakaopulver
1 leicht gehäufter Tl Backpulver

1. Backofen auf 180° C Ober-/Unterhitze vorheizen.

2. Die vegane Butter schmelzen. Das Sojamehl mit 4 El Wasser verrühren.

3. Die geschmolzene vegane Butter mit der Sojamehl-Wasser-Mischung, Zucker, Vanille, Mandeldrink und dem Kakaopulver vermischen. Anschließend das Mehl und das Backpulver unter den Teig rühren.

4. 6 Mulden einer Muffinform einölen, mit Mehl bestäuben und den Teig mit Hilfe eines Löffels darauf aufteilen. Die Form in den Backofen schieben und 25 Minuten backen. Mit Stäbchenprobe überprüfen, ob der Teig fertig ist, bevor man die Muffins aus dem Backofen nimmt und auskühlen lässt.

Für die Krümelmasse:
40-50 ml Amaretto
20 g vegane Butter

200 g weiße Kuvertüre
10-20 g Kokosöl
Orange Schokoladenfarbe (fettlösliche Lebensmittelfarbe) nach gewünschter Farbintensität

18 Cake-Pop-Sticks
Stern-Mold
Streusel

Ergibt 18 Stern-Cake-Pops

5. Die Muffins grob zerkleinern und im Universalzerkleinerer fein mahlen.

6. Die Masse mit dem Amaretto und der veganen Butter mischen, gut kneten und mit einem Stern-Cake-Pop-Former die Sterne formen. Die Sterne vorsichtig in eine tiefkühlergeeignete Form legen und für 15 Minuten gefrieren.

7. Eine kleine Menge der Kuvertüre vorab im Wasserbad schmelzen, die Sticks 1 cm tief in die Kuvertüre tauchen und vorsichtig mit einer Drehbewegung bis ungefähr zur Hälfte in die Cake-Pops stecken. Die Cake-Pops 10-15 Minuten im Gefrierschrank oder entsprechend länger im Kühlschrank kühlen.

8. Die restliche Kuvertüre mit der Küchenmaschine reiben und ca. zwei Drittel im Wasserbad schmelzen, wobei das Wasser nicht kochen sollte. Den Topf vom Wasserbad nehmen und die Schokoladenfarbe zusammen mit der restlichen Kuvertüre in mehreren kleinen Portionen einrühren. Zum Schluss das Kokosöl unterrühren, zuerst mit der kleineren Menge beginnen und diese je nach Bedarf erhöhen.

9. Die geschmolzene Kuvertüre in ein schmales Schälchen füllen, die Cake-Pops schräg in die Kuvertüre tauchen, einmal drehen sodass sie rundherum überzogen sind, heraus nehmen und den Überschuss abklopfen. Die Cake-Pops noch feucht mit Streusel bestreuen und in die Trockenstation stecken und trocknen lassen.

Tipp: Mit dunkler Kuvertüre überzogen und mit buntem Streusel bestreut sehen die Sternchen weihnachtlich aus.

Schneekristall-Cake-Pops

Marzipan/Cranberry

150 g Rohmarzipan
50 g Walnüsse
50 g Cranberries
2 Tr Orangenöl, in Bio-Qualität

100 g Blockschokolade
5-10 g Kokosöl

10 Cake-Pop-Sticks
10 g vegane Blütenpaste

Werkzeug:
Schneekristall-Ausstecher mit Auswerfer, 2,5 cm
Rolling Pin - kleiner Ausrollstab für Fondant
Rollingboard - Modellierbrett

Ergibt 10 Stück

1. Die Walnüsse und die Cranberries mittelfein hacken.

2. Marzipan in kleine Würfel schneiden und mit den Cranberries, den Walnüssen und dem Orangenöl verkneten und in 10 Kugeln rollen. Da diese Pops durch das Marzipan recht süß sind, kann man auch kleinere Kügelchen rollen.

3. Eine kleine Menge der Schokolade vorab im Wasserbad schmelzen, die Sticks 1 cm tief in die Schokolade tauchen und vorsichtig mit einer Drehbewegung bis ungefähr zur Hälfte in die Cake-Pops stecken. Die Cake-Pops 10-15 Minuten im Gefrierschrank oder entsprechend länger im Kühlschrank kühlen.

4. Die Blütenpaste dünn ausrollen, mit dem Ausstecher Schneekristalle ausstechen und diese auf einer ebenen Fläche trocknen lassen.

5. Die restliche Blockschokolade mit der Küchenmaschine reiben und ca. zwei Drittel im Wasserbad schmelzen, wobei das Wasser nicht kochen sollte. Den Topf vom Wasserbad nehmen und die restliche Schokolade in mehreren kleinen Portionen einrühren. Zum Schluss das Kokosöl unterrühren, zuerst mit der kleineren Menge beginnen und diese je nach Bedarf erhöhen.

6. Die geschmolzene Schokolade in ein schmales Schälchen füllen, die Cake-Pops schräg in die Schokolade tauchen, einmal drehen sodass sie rundherum überzogen sind, heraus nehmen, den Überschuss abklopfen und die Schneekristalle vorsichtig in die noch feuchte Schokolade drücken. Die Cake-Pops in die Trockenstation stecken und trocknen lassen.

Tipp: Die Marzipan-Cake-Pops sind recht süß und sollten daher nur von richtigen Schleckermäulchen gemacht werden.

Silvesterschweinchen-Cake-Pops

Matcha

Biskuit-Teig siehe Rezept Matcha-Tiramisu-Pops (Seite 62)
2 Tl Matcha-Pulver
80 g weiße Kuvertüre

etwas Kuvertüre zum Befestigen der Cake-Pop-Sticks

850 g Rollfondant
rosa Lebensmittelfarbe nach gewünschter Farbintensität
schwarzen oder braunen Stift für die Augen
Puderzucker

etwas Marmelade oder Gelee zum Festkleben des Rollfondants
Lebensmittelkleber (Rezept siehe Seite 16)

Kreis-Ausstecher, 10 cm
Dünner Pinsel, lebensmittelecht
28 Cake-Pop-Sticks

Ergibt 28 Cake-Pops

1. Den Biskuit zerbröseln und im Universalzerkleinerer mahlen.

2. Das Matcha-Pulver mit 40 ml Wasser verquirlen und zusammen mit der geschmolzenen Kuvertüre unter die Biskuit-Brösel kneten. Die Masse 15 Minuten in den Tiefkühler oder 30 Minuten in den Kühlschrank stellen.

3. Mit Hilfe der Cake-Pop-Zange 28 Cake-Pops formen und diese im Unterteil einer Cake-Pop-Backform für 15 Minuten in den Gefrierschrank stellen.

4. Eine kleine Menge der Kuvertüre schmelzen, die Sticks 1 cm tief in die Schokolade tauchen und vorsichtig mit einer Drehbewegung bis ungefähr zur Hälfte in die Cake-Pops stecken. Die Cake-Pops 10-15 Minuten im Gefrierschrank oder entsprechend länger im Kühlschrank kühlen.

5. Den Rollfondant mit der Lebensmittelfarbe färben. Einen kleinen weißen Teil für die Augen zurückbehalten. Sollte der Rollfondant zu klebrig werden, gesiebten Puderzucker unterkneten. Manche Lebensmittelfarben färben nach, wenn der Fondant etwas zieht. Das sollte man bei der Farbmenge bedenken.

6. Den Rollfondant dünn ausrollen. Je nach Unterlage etwas Puderzucker auf die Unterlage sieben, damit der Fondant beim Ausrollen nicht festklebt. Pro Schweinchen einen Kreis ausstechen.

7. Die Cake-Pops mit etwas Marmelade bestreichen damit der Fondant hält. Den Fondant vorsichtig rund um den Cake-Pop formen, am Stick festdrücken, den überstehenden Teil abschneiden und mit dem Stick nach oben auf einen Teller stellen. Nase, Ohren und Schwänzchen formen und mit dem Lebensmittelkleber ankleben. Weiße Kügelchen für die Augen formen und ankleben. Mit dem Stift dunkle Punkte auf die Augen malen.

PROSIT
NEUJAHR

Punsch-Cake-Pops

Punschkrapferl

500 g gemischte Kuchenreste
4 El Aprikosenmarmelade
90 ml Rum, 38%ig
50 g Kuvertüre, geschmolzen

400-500 g Punschglasur

Bunter Streusel für die Deko
etwas geschmolzene Kuvertüre zum Dekorieren
27 Cake-Pop-Sticks

Ergibt: 27 Stück

1. Die Kuchenreste in einem Universalzerkleinerer fein mahlen. Es ist auch möglich den Kuchen mit den Händen zu zerkrümeln, feiner und regelmäßiger werden die Cake-Pops aber, wenn der Kuchen ganz fein und regelmäßig zerkleinert wurde.

2. Die Kuvertüre schmelzen und zusammen mit dem Rum und der Marmelade in die Krümelmasse kneten. Wenn man versucht, einen Ball zu formen, muss der Teig gut zusammenhalten. Da nicht jeder Kuchen gleich ist, sollte man die Formbarkeit des Teigs zwischendurch beim Kneten testen und gegebenenfalls noch etwas Marmelade beigeben.

3. Aus der Masse mit Hilfe der Cake-Pop-Zange oder den Händen regelmäßige Kugeln formen und diese für 30 Minuten am besten im Unterteil einer Cake-Pop-Backform in den Gefrierschrank stellen.

4. Etwas Kuvertüre im Wasserbad schmelzen. Einen Cake-Pop-Stick in Kuvertüre tauchen und vorsichtig in den Cake-Pop stecken. Sobald alle Cake-Pops mit einem Stick versehen sind, kommen diese wieder 30 Minuten in den Gefrierschrank.

5. Die Punschglasur im Wasserbad schmelzen und nach und nach die Cake-Pops in die Glasur tauchen. Beim Glasieren gleich verfahren wie bei den Cake-Pops mit Schokolade-Glasur (siehe Tipps, Seite 7). Streusel in ein kleines Schälchen geben und die obere Hälfte von jedem Cake-Pop sofort nach dem Glasieren vorsichtig in die Streusel drücken. Den zweiten Teil kann man nach Wunsch mit geschmolzener Kuvertüre verzieren.

Die Punsch-Cake-Pops sollten im Kühlschrank gelagert werden.

Tipp: Da man die Cake-Pops zum Glasieren möglichst in die Glasur eintauchen sollte, ist es einfacher, eine größere Menge der Glasur zu haben als man eigentlich benötigt. Aus diesem Grund ist die Glasur-Menge höher berechnet.

Matcha-Tiramisu-Push-Pops

120 g Zucker
1 El Vanillezucker
200 ml Sojadrink
100 ml Maiskeimöl
1 1/2 El Apfelessig
200 g Weizenmehl
3 1/2 Tl Backpulver

600 g Cashewkerne, über Nacht in Wasser eingeweicht
200 ml Mandeldrink
4-5 El Rohrohrzucker
1/2 Tl Vanille, gemahlen

1. Backofen auf 180° C Ober-/Unterhitze vorheizen.

2. Den Zucker mit dem Vanillezucker, Sojadrink, Öl und Apfelessig verrühren.

3. Backpulver und Mehl unter die Masse rühren und den Teig mit einer Palette gleichmäßig auf ein mit Backpapier belegtes Backblech verteilen.

4. Das Biskuit in den Backofen schieben und 15-17 Minuten backen. Mit Stäbchenprobe überprüfen, ob der Teig fertig gebacken ist, bevor man ihn aus dem Backofen nimmt.

5. Das Biskuit ein paar Minuten abkühlen lassen und dann mit der Oberfläche nach unten auf ein zweites Backpapier legen und das erste Backpapier vorsichtig vom Teig lösen. Das Biskuit auskühlen lassen.

4 Tl Matcha-Pulver
1 1/2 El Matcha-Pulver
250 ml Wasser

etwas Matcha-Pulver zum Bestreuen der Push-Pops

20 Push-Pop Formen 18 mm
Kreisausstecher 4,5 cm
französische Stern-Spritz-Tülle
1 großer Spritz-Beutel
40 Wafer-Paper-Blüten (siehe Anleitung Seite 14)

Ergibt 20 Push-Pops

6. Die Cashewkerne mindestens 4 Stunden oder über Nacht in Wasser einweichen. Anschließend abgießen und mit dem Mandeldrink, dem Zucker, der gemahlenen Vanille und dem Matcha-Pulver (4 Teelöffel) in einem Universalzerkleinerer pürieren, bis eine glatte Masse entsteht. Sollte die Creme noch nicht grün genug sein, noch etwas Matcha-Pulver unterrühren.

7. 1 1/2 El Matcha-Pulver mit dem Wasser anrühren und in eine flache Schale gießen.. Es sollten keine Klümpchen mehr im Tee sein. Am besten geht`s mit einem Matcha-Besen, einem Milchaufschäumer oder einem kleinen Schneebesen.

8. Aus dem Biskuit 40 Kreise stechen. Je Push-Pop einen Biskuit-Kreis kurz in den Matcha-Tee tauchen und in eine Push-Pop-Form geben. Die Matcha-Creme in den Spritz-Beutel mit Stern-Tülle füllen und etwas Creme auf den Teig-Kreis geben. Eine zweite Schicht in Matcha getunkten Kuchen auf die Creme geben und gerade festdrücken.

9. Für die zweite Creme-Schicht vom Rand nach Innen je einen Creme-Kreis auf die Push-Pops spritzen und mit einer Spitze abschließen. Durch ein Sieb etwas Matcha-Pulver auf die Creme-Spitzen streuen und mit einer Mini-Blüte dekorieren.

Tipp:

Wer ein klassisches Tiramisu machen will, lässt den Matcha-Tee für die Creme weg und nimmt zum Tunken des Biskuits kalten Espresso. Statt Matcha-Pulver siebt man Kakao-Pulver über die Creme. In die Creme kann man auch etwas Mango-Pulpo rühren, oder zwischen die Schichten noch Erdbeer-Scheiben geben. Auch Maronen- Püree passt als Zwischenschicht, oder Lebkuchengewürze in der Creme für einen weihnachtlichen Touch. So kann man das Tiramisu immer passend zur Jahreszeit kreativ verfeinern

Rohkost-Pops

getrocknete Früchte

80 g gemischte, getrocknete Aprikosen, Ananas, Mango & Feigen
80 g Walnüsse, gemahlen
60 g Rosinen
40 g Datteln, entsteint
20 g Kokosflocken
5-10 g Kokosöl
20 g Mandelmus, dunkel
1 El Mesquitepulver, optional

12 gelbe Cake-Pop-Sticks
etwas Kuvertüre zum Befestigen der Cake-Pop-Sticks
Gelbe Kokos-Flocken (siehe Seite 18)

Ergibt 12 Rohkost-Pops

1. Walnüsse im Universalzerkleinerer mahlen.

2. Die gemischten, getrockneten Früchte und die Datteln fein schneiden, zusammen mit den Rosinen und den Kokosflocken zu den Walnüssen in den Universalzerkleinerer geben und noch etwas zerkleinern, bevor man das Kokosöl, Mandelmus und optional das Mesquitepulver zur Masse gibt und alles so lange mixt, bis eine homogene Masse entstanden ist.

3. Die Rohkost-Pops mit der Cake-Pop-Zange oder mit den Händen in 12 Kugeln formen. Wenn man sie mit der Cake-Pop-Zange macht, sollte man die Kugeln anschließend nochmal mit den Händen nachrollen. Die Rohkost-Pops in den Unterteil einer Cake-Pop-Backform legen und diese für 15 Minuten in den Gefrierschrank oder für 30 Minuten in den Kühlschrank stellen.

4. In der Zwischenzeit die Kuvertüre schmelzen und, sobald die Rohkost-Pops gekühlt sind, je einen Rohkost-Pop in den gelben Kokosflocken wälzen, einen Stick ca. 1 cm tief in die Kuvertüre tauchen und diesen vorsichtig in den Rohkost-Pop drehen, in die Trockenstation stecken und trocknen lassen. Da die Rohkost-Pops recht weich sind, sollte man sie, wenn sie nicht bald verzehrt werden, upside down servieren, also mit dem Stick nach oben auf einen Teller stellen, um unnötige Unfälle zu vermeiden. Die Rohkost-Pops sollten im Kühlschrank aufbewahrt werde, wo sie auch härter werden.

Tipp: Statt der Walnüsse kann man auch Mandeln verwenden und diese mit 80 g Aprikosen, 60 g Rosinen, 40 g Kokosflocken, dem Kokosöl, Mandelmus und Mesquitepulver mischen. In diesem Fall werden keine Datteln verwendet. Statt dem Mesquite-Pulver kann man auch Maca, Lucuma oder andere wohlschmeckende Super-Food-Pulver nach Wunsch verwenden.

1/8 Lit.
Lit.

Film-Abend-Pops

Kokos/Karamell/Popcorn

2 El Kokosöl
3 El Popcornmais

85 g Kokosblütensirup
2 El Rohrohrzucker
130 g Kokosmilch

22 Cake-Pop-Sticks

Ergibt 22 Pops

1. Kokosöl und Popcornmais in einen großen Topf geben, den Deckel schließen und auf mittlerer Hitze so lange erhitzen, bis der Mais zu poppen beginnt. Zwischendurch den Topf schütteln, damit nichts anbrennt und die Körner rundherum erhitzt werden. Der Popvorgang selbst dauert ca. 2 Minuten.

2. Die Pops in eine Schüssel geben und den Kokosblütensirup zusammen mit dem Rohrzucker in einen Topf geben, zum Kochen bringen und ca. 2 Minuten unter Rühren karamellisieren lassen, bis sich der Zucker aufgelöst hat.

3. Die Kokosmilch unter die Karamellmasse rühren und auf kleiner Flamme 20 Minuten köcheln lassen. In dieser Zeit immer wieder umrühren, damit nichts anbrennt.

4. Anschließend rührt man das fertige Popcorn sorgfältig unter den Karamell. Sobald die Masse soweit abgekühlt ist, dass man sich nicht mehr die Finger verbrennt, rollt man kleine Kügelchen, die man dann sorgfältig auf Cake-Pop-Stick steckt. Man kann dabei auch eine Cake-Pop-Zange verwenden. Da man aber die Pops ohnehin etwas nachformen muss, kann man hier auch auf die Zange verzichten.

Tipp: Sind die Popcorn-Pops nicht zum sofortigen Verzehr bestimmt, ist es besser, sie am Kopf stehend mit dem Stick nach oben aufzubewahren oder beim Pressen der Cake-Pops besonders darauf zu achten, dass der Stick nicht durchrutschen kann, da die Pops nicht so stabil sind wie andere Varianten.

Samosa-Schnecken am Stick

mit Hari-Chutney

Für die Füllung:
600 g Kartoffel
100 g Erbsen
1 Tl Kreuzkümmel, ganz
1/2 Tl frischer, grüner Chili, fein gehackt
2 Tl Koriander, gemahlen
1/4 Tl Chili, gemahlen
1/2 Tl Garam Masala
1/2 Tl Ingwer, gemahlen
1/2 Tl Kreuzkümmel, gemahlen

1. Kartoffeln kochen. Erbsen in etwas Salzwasser weich kochen und abtropfen lassen.

2. Für den Teig alle Zutaten bis auf das Wasser in einer Schüssel mischen. Das Wasser vorsichtig nach und nach unter das Mehl kneten. Je nach Teigkonsistenz etwas weniger oder mehr Wasser verwenden. Der Teig sollte mit der Hand so kurz wie möglich geknetet werden, bis ein geschmeidiger Teig entstanden ist. Mit einem Geschirrtuch bedeckt 15 Minuten ruhen lassen.

3. Die Kartoffeln schälen und mit den Erbsen, den Gewürzen und dem Salz mischen und abschmecken.

1/4 Tl Kurkuma, gemahlen
1 Tl Mango-Pulver
1 1/4- 1 1/2 Tl Himalaya Salz
3 El Korianderblätter, gehackt

Für den Teig:
150 g Weizenmehl
2 El Weizengrieß
1/2 Tl Himalaya Salz
3 El Maiskeimöl
ca. 70 ml kaltes Wasser

Außerdem:
Öl zum Frittieren
40 Cake-Pop-Sticks

Für das Hari Chutney:
25 g frische Kräuter
1 Knoblauchzehe
30 g Zwiebel, rot
5 g frischen Ingwer
30 ml Zitronensaft
etwas frischen, gehackten, grünen Chili
1/4 Tl Rohrohrzucker
1/4 Tl Himalaya Salz
2 El kaltes Wasser
optional 2-3 Cocktail-Tomaten

Ergibt 40 Schnecken

4. Den Teig in zwei Teile teilen und so dünn wie möglich rechteckig ausrollen.

5. Die Hälfte der Kartoffelmasse regelmäßig auf dem ausgerollten Teig verteilen und mit den Händen festdrücken, dabei aber an der oberen Längsseite einen Rand von ca. 2 cm lassen, um den Teig anschließend zukleben zu können.

6. Nun die Rolle von der unteren Längsseite ausgehend fest zusammenrollen, den freigelassenen Teig mit etwas Wasser einpinseln und die Rolle zusammenkleben. Die Rolle noch ein paarmal hin und her rollen und mit einem scharfen Messer in ca. 1 1/2- 2 cm dicke Scheiben schneiden. Die Samosa-Schnecken noch etwas festdrücken und rund formen, sollten sie beim Schneiden an Form verloren haben. Mit der zweiten Teig- und Kartoffel-Hälfte ebenso verfahren.

7. In einem Wok oder einer tiefen Pfanne das Öl erhitzen und die Samosa-Schnecken nach und nach goldgelb frittieren. Anschließend das Fett abtropfen lassen und die Cake-Pop-Sticks vorsichtig in die Schnecken stecken.

8. Kräuter, Knoblauch und Zwiebel und den geschälten Ingwer grob zerkleinern und zusammen mit dem Zitronensaft, Rohrohrzucker, Chili, Salz und dem Wasser in einem Universalzerkleinerer pürieren, bis sich eine homogene Sauce gebildet hat. Optional kann man die Tomaten mit den anderen Zutaten zusammen pürieren.

Tipp: Je nach gewünschter Schärfe mehr oder weniger frischen und trockenen Chili verwenden und beachten, dass auch das Hari-Chutney scharf ist.

Bunte Kokos-Sprinkles-Cake-Pops

Keks-Krümel-Teig

200 g vegane Biscuits (z. B. Wheat Biscuits Frollino die Frumento)
vegane Frischkäse-alternative
10 g Kokosöl
40 g Nougat-Schoko-laden-Creme

Bunte Kokos-Sprinkles – Rezept siehe S. 18

17 Snack-Spieße

Ergibt 17 Cake-Pops á 20 g

1. Die Kekse im Universalzerkleinerer fein mahlen.

2. Das Kokosöl schmelzen, sollte es nicht flüssig sein und alle Zutaten unter die Keks-Krümel mischen.

3. Die Masse ein paar Stunden oder über Nacht im Kühlschrank ziehen lassen.

4. Jeweils 20 Gramm der Masse abwiegen und daraus Kugeln rollen, welche dann am besten in den Unterteil einer Cake-Pop-Backform gelegt werden, damit sie keine Abdrücke bekommen. Die Kugeln 15 Minuten in den Gefrierschrank oder 30 Minuten in den Kühlschrank stellen.

5. Die Kugeln in den Kokos-Sprinkles wälzen, die Sticks in die Kugeln stechen und die Cake-Pops bis zu ihrer Verwendung im Kühlschrank lagern.

Schnelle Keks-Pops

mit Streusel

1 Packung vegane Schokoladen-Doppelkekse
150 -180 g Blockschokolade
Streusel nach Wunsch
Cake-Pop-Sticks oder Eisstiele

1. Schokolade im Wasserbad schmelzen.

2. Die Kekse vorsichtig auf die Eisstiele stecken, mit einem Pinsel beidseitig etwas Kuvertüre auf die Kekse auftragen und sofort mit Streusel bestreuen, in die Trockenstation stecken und trocknen lassen

Tipp: Diese Keks-Pops eignen sich besonders, wenn man mit Kindern Cake-Pops machen möchte.

Kokos-Cake-Pops

170 g Kokosflakes
oder Kokosflocken
30 g Kokosmus
30 g Kokosmilch
2 El Kokosöl
35 g Agavendicksaft

120 g Blockschokolade
5-10 g Kokosöl

12 Cake-Pop-Sticks
Bunter Kokosstreusel
(siehe Seite 18)

Ergibt 12 Cake-Pops

1. Die Kokosflakes in einem Universalzerkleiner mahlen. Es sollten feine Kokosflocken aber noch kein Mehl entstehen.

2. Den gemahlenen Kokos mit dem flüssigen Kokosmus, der Kokosmilch, dem flüssigen Kokosöl und dem Agavendicksaft gut vermischen. Je nach Außentemperatur muss man das Kokosmus und das Kokosöl noch kurz im Wasserbad erhitzen, damit es flüssig wird.

3. Die Masse für ca. 15 Minuten in den Gefrierschrank stellen.

4. Die gekühlte Kokosmasse mit einer Cake-Pop-Zange in Kugeln pressen, diese mit den Händen gegebenenfalls noch nacharbeiten und am besten im Unterteil einer Cake-Pop-Backform für 10 Minuten in den Gefrierschrank stellen.

5. Eine kleine Menge der Schokolade vorab im Wasserbad schmelzen, die Sticks 1 cm tief in die Schokolade tauchen und vorsichtig mit einer Drehbewegung bis ungefähr zur Hälfte in die Cake-Pops stecken. Die Cake-Pops 10-15 Minuten im Gefrierschrank oder entsprechend länger im Kühlschrank kühlen.

6. Die restliche Blockschokolade mit der Küchenmaschine reiben und ca. zwei Drittel im Wasserbad schmelzen, wobei das Wasser nicht kochen sollte. Den Topf vom Wasserbad nehmen und die restliche Schokolade in mehreren kleinen Portionen einrühren. Zum Schluss das Kokosöl unterrühren, zuerst mit der kleineren Menge beginnen und diese je nach Bedarf erhöhen.

7. Die geschmolzene Kuvertüre in ein schmales Schälchen füllen, die Cake-Pops schräg in die Kuvertüre tauchen, einmal drehen, sodass sie rundherum überzogen sind, heraus nehmen und den Überschuss abklopfen. Jeden einzelnen Cake-Pop sofort nach dem Überziehen mit Kokosstreusel dekorieren, in die Trockenstation stecken und trocknen lassen.

Mürbeteig-Bananen-Sterne

1 Rolle veganen Strudel-Mürbeteig (320 g)
1/2 -3/4 reife Banane
2 Msp Zimt, gemahlen

statt der Banane kann man auch Marmelade nach Wunsch verwenden

30 Cake-Pop-Sticks in Wunschfarbe – da die Sticks mitgebacken werden, keine Kunststoff-Sticks verwenden
Stern Ausstecher , 5 cm
Tannen Ausstecher, 5,5 cm (Höhe)

Ergibt 15 Sterne & 15 Tannen

1. Den Backofen auf 190° C Ober-/Unterhitze vorheizen.

2. Die Banane mit einer Gabel sehr fein zerdrücken und mit dem Zimt verrühren.

3. Zwei Backbleche mit Backpapier auslegen, und den Strudl-Mürbteig noch ein wenig dünner ausrollen. Sterne und Tannen ausstechen.

4. Die Sterne und Tannen so auf das Backblech legen, dass Platz für die Sticks bleibt. Auf jede Form in die Mitte etwas Banane verteilen, den Stick in die Mitte legen, und je einen Stern oder eine Tanne darauf legen. Die Ränder mit den Fingern etwas festdrücken, und anschließend mit einem Spieß oder einem Zahnstocher rundherum sorgfältig verschließen.

5. Die Cake-Pops in den Backofen schieben und 15-17 Minuten backen. Bevor man sie vom Backblech nimmt, etwas abkühlen lassen. Die Backbleche nacheinander backen.

Tipp:

Selbstverständlich schmecken die weihnachtlichen Stern- und Tannen-Pops mit selbstgemachtem Teig noch besser, manchmal muss es aber schnell gehen. Aus den Teigabschnitten kann man durch nochmaliges Ausrollen des Teiges weitere Pops machen. Die Erfahrung zeigt aber, dass diese nicht so schön werden. Daher aus den Teigresten zum Bespiel einfach einlagige Kekse machen und diese anschließend mit etwas Schokolade und Streusel verzieren.

Blätterteig-Schnecken

mit rotem Pesto

50 g Cashewkerne
200 g getrocknete Tomaten, in Öl eingelegt
1 Knoblauchzehe
1/2 Zweig Rosmarin
1 El Balsamicoessig
2 El Öl der getrockneten Tomaten

1 Pkg Blätterteig

26 Cake-Pop-Sticks

etwas Sojadrink zum Bestreichen

Ergibt 26 Blätterteig-Schnecken

1. Den Backofen auf 225° C Ober-/Unterhitze vorheizen. Den Blätterteig aus dem Kühlschrank nehmen.

2. Die Cashewkerne in einer beschichteten Pfanne ohne Fett kurz rösten und anschließend im Universalzerkleinerer fein hacken.

3. Die abgetropften Tomaten grob schneiden, den geschälten Knoblauch grob hacken und die Nadeln des gewaschenen Rosmarins fein hacken.

4. Tomaten, Knoblauch, Rosmarin, Balsamicoessig und das Tomatenöl zu den Cashewkernen in den Universalzerkleinerer geben und alles mixen, bis sich eine homogene Masse gebildet hat.

5. Den Blätterteig aus der Packung nehmen, ausrollen, aber noch am Papier lassen und das Tomatenpesto auf den Teig verteilen, wobei man auf der oberen Längsseite 1 cm frei lässt.

6. Den Blätterteig von der unteren Längsseite aus mit Hilfe des Papiers fest aufrollen, mit einem Pinsel die freie Teigstelle mit dem Sojadrink einstreichen, die Rolle schließen und noch einmal fest rollen.

7. Die Rolle rundherum mit dem Sojadrink bestreichen und mit einem sehr scharfen Messer vorsichtig in 1,5 cm dicke Scheiben schneiden.

8. Ein Backblech mit Backpapier auslegen, jeweils eine Pestoschnecke nehmen, mit den Fingern wieder zu einem Kreis formen, sollte sich dieser durch das Schneiden verformt haben. Mithilfe eines Spieß ein kleines Loch bis zur Mitte der Schnecke vorstechen und den Cake-Pop-Stick vorsichtig in die Schnecke drehen.

9. Die Schnecken auf das Backblech legen und 15 Minuten backen. Da das Tomatenpesto leicht dunkel wird, zwischendurch ab und zu einen Kontrollblick in den Backofen werfen.

Bezugsquellen:

Blüten- & Torten-Zubehör:
http://shop.zuckerzauber.at/
http://www.cake-pops.de/

Große Auswahl an veganen Kuvertüren:
http://www.zotter.at/

Veganer Streusel:
http://www.biovegan.de/
https://www.cakecraftshop.co.uk/

Danke - Merci - Grazie

Besonders möchte ich mich bei meinem tollen Verlag bedanken, bei Kristina und Walter, die überzeugt von mir waren ohne mich zu kennen und die mich mit viel Liebe, Ermunterung und aufbauenden Worten durch die oft aufregende Zeit der Geburt meines ersten Buches getragen haben.

Danke an Tina, die mich für dieses Buch empfohlen hat.

Danke an meinen Mann, der monatelanges Chaos in unserem Leben und in unserer Wohnung geduldig ertragen hat.

Danke an meine Eltern und meinen Bruder, die in dieser Zeit noch weniger von mir hatten, als sie es ohnehin schon haben. Danke an Christl & Robert die ich aus Zeitmangel auf ihrer Reise nicht schriftlich begleitet habe.

Danke an Maria, dass sie mich immer liebevoll und kreativ mit wunderschönen Blüten und Beeren aus ihrem Garten-Paradies versorgt hat.

Danke an Hannes, der sich durchs Korrekturlesen meines Buchs erarbeitet hat, mich früher zu sehen als meine anderen Freunde. Danke an all meine Freunde, die Wochen- und Monatelang darauf verzichtet haben, mich zu treffen und oft auch zu hören, die dadurch aber nicht an unserer Freundschaft gezweifelt haben. Danke Christina, Christoph, Hannes, Malgi und Sandra & Harald. Danke Brigitte, Fati & Monika.

Danke an alle Freunde und Bekannte, die meine Geheimniskrämerei und meinen Zeitmangel der letzten Zeit nun verstehen und nicht persönlich nehmen.

Und ein ebenso herzliches und inniges Danke allen meinen „Freude am Kochen"-Blog-Lesern, durch die dieses Buch erst möglich geworden ist.